MADAGASCAR

ET

LE PROTECTORAT FRANÇAIS

PAR

M. ERNEST FALLOT

SECRÉTAIRE DE LA SOCIÉTÉ DE GÉOGRAPHIE DE MARSEILLE

Extrait du Bulletin de la Société de Géographie de Marseille

MARSEILLE

TYPOGRAPHIE ET LITHOGRAPHIE BARLATIER-FEISSAT

RUE VENTURE, 19

1888

MADAGASCAR

ET

LE PROTECTORAT FRANÇAIS

Madagascar est une grande île située à 450 kilomètres de la côte orientale d'Afrique, dont elle est séparée par le canal de Mozambique. Son étendue, de 600,000 kilomètres carrés dépasse d'environ un huitième celle de la France. Elle est de forme allongée, sa largeur moyenne ne représentant que le quart de sa longueur. Au point de vue topographique, on peut la diviser en deux régions très différentes. La partie septentrionale et orientale est couverte de montagnes « qui se pressent les unes contre les autres, nous apprend M. Grandidier, et rappellent l'image d'une mer en fureur dont les lames se heurteraient en tous sens » ; ce massif couvre au nord toute la surface de l'île, d'un rivage à l'autre ; il se rétrécit à mesure que l'on gagne le Sud, au point de ne plus occuper aux environs du Fort Dauphin qu'une étroite bande de terrain sur la côte orientale. Toute la partie méridionale et occidentale se compose, au contraire, d'immenses plaines sablonneuses et de plateaux légèrement ondulés et coupés de ravins. Cette disposition rappelle celle de la Corse, si l'on renverse l'orientation de notre département méditerranéen. De même que dans l'île française, c'est la partie montagneuse de Madagascar qui est habitée par la population la plus dense, la plus riche, la plus cultivée, celle qui fait la loi au reste de l'île. Ses relations avec l'intérieur sont facilitées par les nombreuses baies qui découpent ses rivages, par les ports et les rades qui s'offrent aux navigateurs, tandis que la côte méridionale et orientale en est presque totalement dépourvue.

Si l'on veut se former une opinion réfléchie sur la politique que la France doit suivre à l'égard de ce pays où depuis si longtemps elle cherche à établir sa prépondérance, il est nécessaire de jeter un rapide coup d'œil sur les tentatives diverses que notre pays a faites, à partir du XVIIme siècle, pour y prendre pied. Ces entreprises répétées forment une des pages les plus douloureuses de notre histoire coloniale. Malgré les tristesses dont elle est remplie, notre génération devrait étudier cette histoire, trop longtemps oubliée, pour y puiser d'utiles enseignements et ne pas s'exposer à recommencer les lamentables expériences du passé, en retombant dans les mêmes fautes et dans les mêmes erreurs.

I

Ce fut en 1642, que le gouvernement et le commerce français tournèrent pour la première fois leurs regards vers Madagascar. La Société d'Orient fut constituée sous le puissant patronage de Richelieu, pour prendre possession de l'île et la coloniser. Sur les rapports vagues et peu exacts de quelques marins portugais, les imaginations s'étaient enflammées et l'on se figurait cette île à peine entrevue comme un pays merveilleux doté de toutes les richesses de l'univers qu'il s'agissait seulement d'aller recueillir. Déjà on lui avait donné ce nom de *France Orientale*, que rien hélas ! n'a encore justifié. Les colons embarqués sur le *Saint-Louis* se fixèrent d'abord à la baie Sainte-Luce, au Sud de l'île. Mais les fièvres exercèrent parmi eux de tels ravages qu'ils durent dès l'année suivante transporter ailleurs leur établissement. Le point qu'ils choisirent pour élever Fort Dauphin, quoique moins malsain, n'était pas mieux situé. Toute la contrée environnante était aride et impropre aux cultures, de sorte qu'il fallait faire venir les vivres de fort loin, de l'île Sainte-Marie. A ces difficultés nouvelles, la discorde qui s'introduisit parmi les Français vint ajouter ses effets désastreux. Un administrateur malhabile, De Pronis, ne sut pas rétablir la paix sans avoir recours à la force ; il dut s'emparer par ruse de ses adversaires et les expulser de la colonie. Le sieur de Flacourt, son successeur, eût à lutter contre les indigènes qui avaient d'abord accueilli les étrangers sans méfiance, mais qui, se voyant continuellement pillés par les colons affamés, finirent par user de représailles. Des guerres sanglantes eurent lieu, pendant lesquelles deux cents villages furent incendiés en quelques années. Les environs de Fort Dauphin étaient devenus un véritable désert. « La colonie ne vit que de pillages, écrivait à la Compagnie un de ses agents ; le commerce et la culture sont nuls ; le Fort est sans eau : on est obligé d'aller en chercher à une lieue dans un étang à travers les sables. » Les Malgaches profitèrent d'une situation aussi précaire pour se débarrasser d'un voisinage gênant. En 1674, un navire avait amené de France des jeunes filles qui venaient chercher à se marier parmi les colons. De nombreuses noces se célébrèrent à la fois. Au milieu des réjouissances dont elles furent l'occasion, les sauvages envahirent le fort et firent un massacre général des Français. Bien peu parvinrent à s'échapper en se jetant à bord du navire le *Blanc-Pignon* qui se trouvait heureusement sur rade. Sur 4,000 personnes parties de France pour s'établir à Madagascar, les deux tiers avaient péri, victimes du climat ou de la cruauté des indigènes. Les survivants allèrent s'établir à Bourbon et y formèrent le premier noyau de cette colonie devenue depuis lors florissante.

La catastrophe de Fort Dauphin avait dissipé bien des rêves et éteint malheureusement pour longtemps l'ardeur colonisatrice de la France en Orient. Ce ne fut que 100 ans plus tard que les projets de Pronis et de Flacourt furent repris. A la fin du XVIIIe siècle, les efforts héroïques mais infructueux de Dupleix, de Labourdonnais, de Bussy avaient ramené l'attention du public sur les mers de l'Inde. Le gouvernement qui, par son imprévoyance, avait laissé échapper un empire en Asie, chercha à Madagascar une compensation. Il envoya, en 1768, le comte de Mandave relever Fort Dauphin. Quelques années après, résolu à tenter une entreprise plus considérable dans ces parages, il accepta les offres que lui fit le grand aventurier Bényowski. C'est un véritable roman que la vie de ce comte polonais, d'abord officier au service de l'Autriche, plus tard commandant de cavalerie pendant l'insurrection de la Pologne, fait prisonnier par les Russes, déporté en Sibérie, réussissant à s'évader du Kamtchatka avec ses compagnons d'exil sur un navire de guerre dont il s'était emparé, consacrant la fin de sa vie à civiliser les Malgaches et mort enfin roi de Madagascar. Dès son arrivée dans cette île, où il débarqua en 1774 avec le titre de gouverneur général, Bényowski montra une intelligence plus grande que ses prédécesseurs. Il transporta son centre d'action dans la magnifique baie d'Antongil, qui est une base d'opérations bien préférable à Fort Dauphin. Au lieu de guerroyer contre les indigènes, de les tromper et de les pressurer comme avaient fait les précédents représentants de la France, il chercha à se concilier leur amitié par ses procédés humains et pleins de loyauté. Cette politique réussit à merveille ; en peu de temps il eut conclu des traités d'alliance avec presque toutes les tribus voisines de son établissement de Louisbourg. Il nouait avec elles des relations commerciales, leur construisait des routes, cherchait à faire pénétrer chez elles les rudiments de la civilisation. Il exerçait sur ces peuples sauvages un ascendant extraordinaire. Mais tandis que grâce à lui la France était en train de fonder enfin cette colonie depuis si longtemps désirée, les intrigues de cour et les basses jalousies de rivaux sans scrupules étaient à l'œuvre à Paris et à Bourbon et travaillaient à arrêter ses succès. La métropole l'abandonnait à ses seules ressources, refusant de lui envoyer les secours qu'il réclamait sans cesse. Fatigué des entraves qu'on lui suscitait à chaque instant, Bényowski, après avoir fait constater par des commissaires royaux la régularité de sa gestion, donna sa démission de gouverneur, résolu à se consacrer tout entier à la civilisation du peuple malgache, et pensant que ce but pouvait être atteint par le développement progressif de ce peuple lui-même plus facilement que par une conquête étrangère. Les chefs des principales tribus de l'île se réunirent alors et l'acclamèrent roi de Madagascar. Restait à faire accepter sa nouvelle situation par la France. Il partit pour Paris muni de pleins pouvoirs et proposa à Louis XVI un traité d'alliance qui reconnaissait l'indépendance de Madagascar, mais ouvrait l'île entière aux Français pour y commercer et s'y établir: c'était un véritable protectorat, dans le sens que l'on attache aujourd'hui à ce terme. Malgré les conseils de l'illustre Franklin, le gouvernement commit la faute capitale de rejeter une proposition aussi avantageuse : il abandonnait ainsi la proie pour l'ombre. Bényowski, qui sentait que pour l'accomplissement de ses plans l'appui d'une grande puissance lui était nécessaire, alla porter ses offres à l'Angleterre : par bonheur pour notre pays il fut également repoussé et dut regagner ses états où son arrivée fut saluée par des transports d'enthousiasme. Il s'occupait à organiser son gouvernement et à bâtir une capitale dans le centre de l'île, lorsqu'il dut se prémunir contre une attaque des troupes françaises, qui avaient reçu l'ordre de le traiter en rebelle. Abandonné par ses soldats, il fut tué en 1786, en défendant un fort où il s'était réfugié. Ainsi périt, frappé d'une balle française, cet homme de génie qui avait failli donner Madagascar à la France. L'occasion si maladroitement perdue ne devait plus se représenter de longtemps.

Bényowski mort et son empire disparu avec lui, toute idée de conquête fut abandonnée par Louis XVI, qui fit même évacuer les quelques postes militaires que nous occupions sur la côte orientale. Bientôt éclatait la Révolution qui dut forcément reléguer au second plan de ses préoccupations les questions coloniales. Mais Napoléon eut son attention ramenée vers cet ordre d'idées par la lutte gigantesque qu'il soutenait contre l'Angleterre sur toutes les mers du globe. Par son ordre, le général Decaen et Sylvain Roux replantèrent notre drapeau à Tamatave en 1804. Il n'y flotta que sept ans et fut amené en 1811, lorsque l'île de France et la Réunion tombèrent aux mains des Anglais.

Le gouvernement de la Restauration, désireux de réparer les désastres coloniaux que la France venait de subir, allait faire une nouvelle tentative pour ajouter Madagascar au nombre de ses possessions effectives. En 1818, il fit reprendre possession de l'île Sainte-Marie, que ses habitants avaient vendues jadis à la Compagnie Française des Indes, et du port de Tintingue, qui lui fait face, sur la grande terre. Onze ans plus tard, en 1829, les Hovas s'étant emparés de Tintingue et de Fort-Dauphin, réoccupé depuis peu, une grande expédition fut décidée. Le commandement en fut confié au capitaine de vaisseau Gourbeyre. Nos troupes, repoussées de Foulpointe, chassèrent les Hovas de Tintingue, de Pointe-à-Larrée et de Tamatave, le principal port de l'île. Ces premiers succès remportés, les hostilités se prolongèrent pendant deux ans, sans amener de réels progrès. La fièvre décimait nos soldats ; la famine vint ajouter ses horreurs aux maladies et la démoralisation s'empara des officiers. De leur côté, les colons de Bourbon, que le blocus de Madagascar menaçait d'affamer, réclamaient le rétablissement de la paix. Louis-Philippe, qui se montrait peu favorable aux entreprises coloniales, et qui comprenait d'ailleurs les immenses difficultés qu'il faudrait vaincre pour s'emparer de l'île entière, donna peu après son élévation au trône, l'ordre d'évacuer Madagascar. La France ne conservait plus que l'île Sainte-Marie. En 1840 elle prit possession de Nossi-Bé, une petite île en face de la côte orientale et accepta le protectorat de plusieurs tribus des Sakalaves du nord, voisines de la baie de Passandava, où se trouve le riche bassin houiller de Bavatoubé, mais elle eut le tort de ne pas faire suivre ces traités d'une occupation effective.

L'Angleterre avait commencé par contrecarrer de tout son pouvoir les visées de Louis XVIII sur la grande île Malgache. Se prévalant d'un article ambigu du traité de Paris (1), elle prétendit d'abord que Madagascar lui appartenait comme étant une dépendance de l'île de France. En même temps elle fondait un établissement sur la côte occidentale, à la baie Saint-Augustin. L'histoire de cette colonie fut la répétition de celle du Fort-Dauphin : ravagée par les fièvres et par la famine, elle finit également par un massacre. Les Anglais vengèrent cruellement la mort de leurs compatriotes, mais avec cet esprit pratique qui caractèrise leur

(1) L'article VIII de ce traité est ainsi conçu : « S. M. Britannique, stipulant pour elle et ses alliés, s'engage à restituer à S. M. Très-Chrétienne, dans les délais qui seront ci-après fixés, les colonies, pêcheries, comptoirs et établissements de tout genre que la France possédait au premier janvier 1792 dans les mers et les continents de l'Amérique, de l'Afrique et de l'Asie, *à l'exception* toutefois des îles de Tabago et Sainte-Lucie, et *de l'île de France et de ses dépendances, nommément Rodrigues et les Seychelles*, lesquelles S. M. Très-Chrétienne cède en toute propriété et souveraineté à S. M. Britannique. »

politique, ils se gardèrent bien de renouveler une tentative aussi malheureuse. Ils renoncèrent à leurs prétendus droits sur Madagascar et laissèrent la France proclamer et revendiquer bien haut ses droits historiques à la possession de cette île, tout en se consumant en efforts impuissants pour en faire la conquête. Plus habile, l'Angleterre commença et poursuivit dès lors avec une persévérance que rien ne devait abattre, la conquête pacifique de ce riche pays par son commerce et par sa religion. Elle fut puissamment aidée dans cette entreprise par une révolution intime qui devait transformer l'état social des Malgaches et faciliter leurs premiers pas dans la voie de la civilisation.

Au centre de la partie montagneuse de Madagascar habite depuis des siècles une peuplade d'origine malaise, les Hovas. C'était l'une des moins nombreuses de l'île, mais son intelligence, unie à une véritable passion pour la domination, devait tôt ou tard lui assurer la prépondérance. Au commencement du siècle elle se groupa sous la conduite d'un chef de génie, Radama, se constitua en nationalité et ne tarda pas à déborder sur les tribus environnantes qui furent conquises sans peine par la supériorité de l'armement et l'organisation militaire des Hovas. Un nouvel état de choses était né à Madagascar : au chaos des innombrables tribus isolées les unes des autres et sans cesse en guerre les unes contre les autres, la conquête avait substitué une organisation sociale qui réunissait en un seul corps tous ces éléments divers, mais qui n'avait malheureusement d'autres fondements que la violence, la terreur et l'assassinat. Radama comprit de bonne heure que pour constituer le redoutable empire qu'il méditait, il aurait besoin du concours des Européens et qu'il devrait leur arracher le secret de leur supériorité et imiter cette civilisation puissante dont il avait entendu raconter les merveilles. Tandis qu'ils s'opposait par la force aux établissements armés de la France, il accueillait dans sa capitale les blancs qui voulaient s'y fixer et écoutait volontiers leurs conseils. L'Angleterre ne tarda pas à voir le parti qu'elle pourrait tirer de ces tendances et négocia en 1816 un traité d'amitié avec Radama dans le but d'abolir la traite des noirs à Madagascar. En même temps des missionnaires anglais s'établirent dans l'île. Après bien des années d'un pénible labeur ils virent de nombreux Malgaches se convertir à leur voix en même temps que les élèves accouraient en foule dans leurs écoles. Ils furent suivis plus tard par des missionnaires catholiques appartenant à l'ordre des Jésuites, et dès lors commença entre les représentants des deux communions chrétiennes un antagonisme acharné que la persécution elle-même, en les frappant également, ne parvint pas à éteindre. En effet, une opposition violente se manifesta bientôt contre les adeptes de la religion nouvelle. Le vieux parti hova, effrayé de l'introduction des idées étrangères, provoqua une réaction terrible. Radama était mort. La souveraine régnante, Ranavalona, interdit l'exercice du culte, expulsa tous les missionnaires et finit par rendre les décrets les plus barbares contre les chrétiens indigènes. Une odieuse persécution commença ; nombre de Hovas, dont plusieurs appartenant aux familles nobles du pays, périrent plutôt que de renier leur foi. Pendant 25 ans la terreur régna dans l'île. Enfin, le 15 août 1861, la cruelle instigatrice de tant d'horreurs cessa de vivre. Son fils Radama II était un jeune prince libéral qui avait été élevé par les missionnaires anglais. Son premier acte fut de proclamer la liberté de conscience et de rouvrir les prisons et les bagnes que remplissaient les condamnés pour cause religieuse. Reprenant et perfectionnant l'œuvre de son aïeul, il s'entoura d'amis et de conseillers européens. Les Français, qui lui étaient plus particulièrement sympathiques, furent comblés de ses faveurs. Il signa avec la France un traité des plus avantageux pour les deux pays et concéda à M. Lambert, représentant d'une compagnie française, de vastes espaces de terrains où des plantations devaient être établies. Ce monarque éclairé, mais de mœurs dissolues, eut une fin malheureuse. Le parti réactionnaire qui lui reprochait ses débauches et ne pouvait lui pardonner ses complaisances pour les étrangers, mais détestait surtout en lui l'homme de progrès et l'ennemi des anciens abus, l'accusa de trahir son pays et souleva contre lui une émeute sanglante. Conduits par le premier ministre en personne, les révoltés entourèrent le palais, étranglèrent l'infortuné Radama et livrèrent ses favoris à la populace en délire qui les massacra.

Cette révolution eut des conséquences inattendues. Le parti rétrograde, qui avait ressaisi le pouvoir, se rapprocha des missionnaires anglais. Sentant probablement qu'ils représentaient une force bonne à utiliser, le premier ministre s'inspira désormais de leurs conseils. Lorsqu'à la suite d'intrigues de palais, il eut été remplacé par son frère, le célèbre Rainilaiarivony, devenu mari de la reine, leur influence ne fit que s'accroître. Le couple royal fut baptisé protestant le 21 février 1869 et le culte des idoles fut aboli. L'exemple parti de si haut fut suivi par le peuple : des conversions en masse se produisirent. Les catholiques moins favorisés, en butte à toutes sortes de difficultés et de tracasseries, continuèrent courageusement leur œuvre de propagande. Toutes les facilités et toutes les faveurs furent depuis lors réservées aux missionnaires anglais, qui devinrent les conseillers intimes du Premier Ministre , et qui dirigèrent la politique extérieure de Madagascar. Le triomphe du protestantisme a amené la création de nombreuses écoles qui certainement ont dû faire avancer d'un pas les Hovas dans la voie des lumières et du progrès, mais si l'on examine la situation intérieure du pays, on est amené à reconnaître que son état social n'a pas été modifié : le gouvernement arbitraire et despotique institué par Radama Ier est toujours debout; Betsileos, Betsimisarakas, Hovas, vainqueurs et vaincus, continuent à gémir sous la tyrannie insupportable d'une oligarchie vénale et sanguinaire.

Après la mort de Radama II, les rapports du gouvernement français avec la Cour d'Imérina furent d'abord assez tendus. Napoléon III eut la faiblesse coupable de laisser déchirer le traité qu'il avait signé avec le roi défunt ; il se contenta d'une indemnité de 900,000 fr., obtenue à grand peine, en faveur de la Compagnie de Madagascar obligée de liquider ses opérations. Un traité fut pourtant signé en 1869 ; il permit à notre commerce de se développer dans l'île au point d'y occuper le premier rang. Mais la défaite de la France en 1870 acheva de lui faire perdre tout son prestige aux yeux des Hovas. Les vexations se multipliaient contre nos nationaux, et notre consul ne parvenait pas à obtenir satisfaction. En 1882 les Hovas, qui continuaient pas à pas la conquête de l'île, poursuivie sans relâche depuis le commencement du siècle, poussèrent l'audace jusqu'à planter leur drapeau en face de notre colonie de Nossi-Bé, sur le territoire de peuplades protégées par la France depuis 1840 et dont les chefs recevaient des pensions du gouvernement français. Ce fut l'occasion de la rupture. Le commandant de la station navale de la mer des Indes reçut l'ordre d'abattre les pavillons hovas, et les hostilités auraient sans doute éclaté tout de suite, si elles n'avaient été retardées par l'envoi à Paris d'une ambassade malgache.

Le gouvernement hova ne tenait pas à se lancer dans une guerre avec la France. Les envoyés avaient pu se rendre compte par eux mêmes pendant leur voyage que notre pays s'était relevé de ses désastres et qu'il était prudent de compter avec nous. Après de longs pourparlers, on avait arrêté en principe les bases d'un traité avantageux pour les deux parties, qui mettait fin à tout différend, lorsque les prétentions du ministère de la marine, réclamant brusquement une vaste province au Nord de l'île, amenèrent l'échec des négociations(1). Aux avantages certains que présentait le traité projeté, on préféra l'aléa d'une guerre. Méconnaissant les avis et les conseils des Grandidier, des Alfred Rabaud, de tous les hommes qui connaissaient Madagascar, on se lança dans une campagne dont les véritables motifs n'ont pas été expliqués et dont le but précis n'a pas été indiqué davantage. S'agissait-il de donner enfin une sanction à ces anciens droits historiques que la France proclamait depuis trois siècles, avec quelques intermittences, il faut le reconnaître, de conquérir Madagascar en un mot ? Ou bien voulait-on simplement infliger à l'orgueil des Hovas une humiliation salutaire et les obliger par la force à signer le traité qui n'avait pas abouti à Paris ? Le public ne le sut jamais. Il serait inutile d'entrer dans les détails des diverses opérations qui se déroulèrent sous le commandement de trois amiraux successifs (2). L'occupation de Majunga, de Tamatave, de Vohé-

____

(1) Le Livre Jaune publié par le Ministère des affaires étrangères ne contient aucun document de nature à jeter quelque jour sur cette rupture dont les causes ont donné lieu à de nombreux commentaires. L'explication que nous donnons ici est la seule véritable. Elle nous a été fournie par l'un des négociateurs français.

(2) MM. Pierre, Galiber et Miot.

mar, de Diégo-Suarez, le bombardement de tous les forts hovas de la côte, le blocus de l'île, prouvèrent une fois de plus l'abnégation et la bravoure de nos soldats et de nos marins, mais n'amenèrent aucun résultat décisif. Cette expédition n'avait pas eu en dernière analyse d'autre conséquence que de ruiner le commerce français. Pendant trois ans la guerre se poursuivit; elle menaçait de s'éterniser, lorsque M. de Freycinet fut assez heureux pour dénouer la situation par le traité de 1885, par lequel l'île de Madagascar est placée sous le protectorat de la France et le territoire de Diégo-Suarez nous est cédé en toute propriété. Désormais la vieille rivalité de l'Angleterre et de la France au sujet de la grande île de l'Océan Indien a pris fin : les événement se sont prononcés en faveur de notre pays.

II

Le traité de 1885, auquel l'amiral Miot et M. Patrimonio ont attaché leurs noms, a reçu en France un accueil singulier. Vivement discuté par la presse de toutes nuances, il eut cette étrange fortune d'être attaqué avec passion par ceux-là même qui auraient dû en comprendre tous les avantages : je veux dire les partisans de l'extension coloniale de la France. Ce sont précisément les plus ardents défenseurs de cette politique qui se sont plu à souligner les imperfections du traité de Madagascar et qui sont allés presque jusqu'à accuser le gouvernement d'avoir abandonné les droits de la France, précisément au moment où nos rivaux étaient écartés en droit en attendant de l'être en fait, et où toutes les puissances étaient obligées de reconnaître que la grande île Malgache était désormais protégée par notre drapeau. Pour expliquer cette conduite en apparence peu logique, il faut savoir que les impatients, les outranciers de la politique coloniale avaient rêvé, dès le début des hostilités, la conquête de Madagascar ; le protectorat ne pouvait les satisfaire. Méconnaissant volontairement les difficultés inouies que présenterait une campagne dans l'intérieur d'un pays peu connu, couvert de montagnes et de forêts, sans une seule route, sans un seul sentier de mulets, et sous un climat tropical, ils fermaient également les yeux sur la situation parlementaire. Qui donc, en effet, aurait osé proposer à la Chambre qui venait de repousser l'évacuation du Tonkin à deux voix de majorité, d'aller courir une aventure aussi coûteuse à Madagascar ? Les événements nous imposaient la nécessité de renoncer à la politique de conquête. Faut-il le regretter ? Nombre de bons esprits s'en sont applaudis au contraire. Du court historique qui précède, il est facile de tirer cette conclusion : que les seuls succès que nous ayons obtenus à Madagascar, du temps de Benyowski et de Radama II, succès éphémères, hélas ! l'ont été à l'aide d'une politique pacifique, tandis que toutes nos entreprises guerrières ont eu une fin malheureuse. Cette constatation, qui a d'autant plus de valeur qu'elle résume l'histoire de près de deux siècles et demi, devrait ouvrir les yeux des partisans aveuglés de la conquête.

La solution adoptée était du reste préconisée par nos agents, l'amiral Miot et M. Baudais, qui placés sur le théâtre même des événements, pouvaient juger la situation. « Quel que soit le moyen employé par elle, écrivait ce dernier (1), il n'y a pas à nier que la nation hova s'est acquis une certaine prépondérance ; chercher à l'abattre serait éterniser la lutte ; les Hovas, constamment poussés à la révolte par nos adversaires, nous créeraient des difficultés sans cesse renaissantes, et l'état d'hostilité dans lequel on serait obligé de vivre s'opposerait à toute civilisation, à tout progrès dans le pays. Loin de chercher à abattre cette prépondérance, nous devons nous efforcer de la maintenir ; il ne faut pas songer à lui substituer la nôtre ; la lutte serait fort longue et le résultat incertain. Nous devons, au contraire, nous servir de cette prépondérance... Le gouvernement exercé par nous est impossible pour le moment, c'est-à-dire dans le début. Il nous faut donc choisir parmi les peuples de l'île celui qui est le plus capable de gouverner sous notre direction. Sans aucun doute ce sont les Hovas. » Le même

(1) M. Baudais à M. de Freycinet ; 25 octobre 1884. Livre Jaune. Affaires de Madagascar.

consul écrivait le 25 juin 1885 en termes plus formels encore : « *Le protectorat français est la seule forme de gouvernement possible à Madagascar.* »

Une dernière considération achévera de justifier le traité de 1885 : il donne une base solide et sûre à la politique française ; désormais elle a un but certain devant les yeux, elle ne risque plus de s'égarer. Autrefois elle manquait forcément de suite, hésitant entre deux buts, et poursuivant l'un ou l'autre suivant les circonstances. Tantôt elle proclamait des droits platoniques, qu'elle était impuissante à transformer en réalités ; tantôt, suivant une méthode moins retentissante, elle laissait ces droits dans l'oubli pour obtenir des avantages commerciaux plus tangibles. Cette contradiction est tout le secret de nos insuccès répétés. Elle disparaîtra maintenant que notre ligne de conduite est tracée et se borne à faire exécuter un traité accepté des deux parties.

J'ajouterai que la forme que l'on a donnée à notre action à Madagascar, le protectorat, que l'on représente parfois comme une diminution volontaire du rôle que nous aurions pu jouer dans cette île, est regardée au contraire par les économistes modernes comme l'instrument le plus perfectionné qu'ait trouvé la science coloniale. Il offre l'avantage immense de garantir contre la plupart des fautes que nous avons commises à l'origine de presque toutes nos colonies, entraînés par la toute-puissance sans aucun frein qui résultait pour nous de la conquête. Moins coûteux que la possession directe, il doit offrir les mêmes avantages à nos négociants et à nos colons. A ce titre seul il conviendrait de lui donner la préférence.

Les théoriciens ne sont pas les seuls à proclamer les mérites de ce système. L'expérience en a déjà été faite par la France elle-même en Tunisie, et les résultats qu'il a donnés en peu d'années ne peuvent qu'encourager à l'appliquer ailleurs.

Lorsque le gouvernement français se décida en 1881 à donner l'ordre à ses troupes de franchir la frontière de Kroumirie, de débarquer à Tabarque, à Bizerte et à Sfax et enfin d'occuper Tunis, peu de pays se trouvaient dans une situation plus désespérée, plus voisine d'une catastrophe fatale que celui que le drapeau de la France allait désormais abriter de ses plis. Ruinée par les prodigalités insensées d'une cour dissolue qu'exploitait une nuée d'aventuriers véreux accourus de tous les point du globe, la Tunisie râlait prise à la gorge par ses créanciers. Le peuple, écrasé par des impôts excessifs et pressuré impitoyablement par des caïds sans entrailles, en venait à abandonner ses cultures dont tous les bénéfices lui étaient arrachés par le fisc, et voyait le fruit de son travail servir uniquement à payer le luxe du souverain, à enrichir quelques favoris et à payer à des créanciers étrangers des intérêts usuraires. Le plus complet désordre régnait dans l'administration et les finances, où l'absence d'une comptabilité régulière ne pouvait que faciliter les dilapidations. Maintenant qu'au milieu de difficultés nombreuses le régime du protectorat a pu s'organiser et fonctionner régulièrement, le spectacle que nous offre la Tunisie forme un véritable contraste avec le tableau que je viens de tracer. A force d'ordre et d'économie la prospérité financière est revenue au point que non seulement les intérêts de la dette sont régulièrement payés, et que tous les services ont pu être dotés, mais que de nouveaux ont été créés, et qu'un fonds de réserve a été constitué pour faire face aux éventualités de l'avenir. L'ère des travaux publics, chose inouie pour le pays, a été inaugurée : des routes empierrées sont en construction et sillonneront la Régence dans quelques années, amenant les produits de la terre au magnifique port de Tunis dont le creusement est décidé. Dans toutes les villes, dans tous les villages importants, des écoles primaires sont ouvertes où les enfants indigènes apprennent avec une facilité surprenante à lire et à écrire en arabe et en français. Enfin, et c'est là le bienfait auquel les sujets du Bey sont le plus sensibles, des Contrôleurs Civils français sont chargés de surveiller la gestion des caïds et de mettre un terme à leurs exactions devenues proverbiales. Tels sont les résultats de cinq années de protectorat, résultats que j'ai pu constater de mes yeux, comme du reste tous les voyageurs qui ont parcouru la Tunisie depuis 2 ou 3 ans. Pour s'obstiner à les méconnaître et à les nier, il faut la mauvaise foi aveugle des passions politiques ou la jalousie perfide de rivaux évincés.

Le même système ne peut manquer de produire à Madagascar les mêmes améliorations. La situation, d'ailleurs, n'est pas sans analogie. Un pouvoir despotique, maître absolu de la vie et des biens de ses sujets, qui les pressure sans pitié et ne poursuit pas d'autre but que la satisfaction de ses propres caprices, tel était le gouvernement beylical avant l'occupation française ; tel est encore aujourd'hui le gouvernement malgache. La maladie dont souffrait le peuple tunisien, dont meurt le peuple malgache, n'a qu'un nom : la tyrannie. Tout permet d'espérer que le remède qui a réussi à l'un, réussira également à l'autre.

Que l'on se représente par la pensée le régime du protectorat inauguré par le traité de 1885, en plein fonctionnement normal à Madagascar comme il l'est en Tunisie, et l'on se rendra compte des progrès de tous genres que l'île aura accomplis par ce seul fait. D'abord toutes les relations extérieures du gouvernement malgache sont placées entre les mains du Résident général, devenu effectivement le Ministre des affaires étrangères de la Reine. C'est là la consécration du nouveau régime, la preuve visible qu'il est reconnu par toutes les puissances. En second lieu, le Représentant du Protectorat est devenu l'inspirateur et le conseiller intime de la Reine et de ses ministres. Tous ses conseils, docilement suivis, tendent à un but unique : faire sortir définitivement Madagascar de la barbarie. Organiser une administration régulière et appliquer progressivement toutes les réformes qui favoriseront le développement économique de l'île, telle est désormais la grande œuvre à laquelle Français et Malgaches travaillent de concert. Un budget est créé avec d'autant plus de facilité que Madagascar n'a pas d'autre dette que celle de quelques millions que son gouvernement vient de contracter envers le Comptoir d'Escompte de Paris. Il est alimenté en premier lieu par les revenus des Douanes, considérablement accrus par une perception honnête et par l'accroissement forcé des relations commerciales, et en second lieu, par des impôts équitablement répartis et perçus régulièrement sous le contrôle de fonctionnaires français. La liste civile de la Reine, une fois dotée, tout le surplus des recettes est employé dans l'intérêt du pays, ce qui ne s'est jamais vu jusqu'à ce jour. Tous les fonc-

tionnaires reçoivent des appointements en rapport avec l'importance de leurs fonctions, et dès lors, ils ne sont plus forcés de
vivre à l'aide de moyens inavouables ou de détournements opérés
à leur profit sur le montant des impôts ; on peut exiger d'eux, et
on exige de tous une conduite scrupuleuse. Les travaux publics
sont entrepris à mesure que les ressources du pays le permettent ;
avec le temps, des routes sillonnent l'île, des ponts sont jetés sur les
rivières, des jetées abritent les navires dans les ports. Le Trésor,
qui a désormais de l'argent, peut payer les ouvriers, et la corvée,
cette institution odieuse à bon droit à tout Malgache, n'est plus
qu'un souvenir des temps malheureux qui ont précédé l'arrivée des
Français. Les Hovas et les autres indigènes, maîtres de leurs
biens légitimement acquis par le travail, n'ont plus à craindre des
spoliations injustes ; ils ne tremblent plus sous la menace du poi-
son, perpétuellement suspendue sur leur tête. A leurs côtés et avec
l'aide de leurs bras, les Français et les autres Européens cultivent
en paix leurs plantations de cannes, de café ou de coton, enrichis-
sant l'île des capitaux qu'ils y ont apportés et qui y décuplent par
leur travail et leur intelligence. Le tableau que je viens de tracer
n'est pas le rêve d'une imagination optimiste ; il est simplement la
déduction logique des conséquences qui doivent forcément découler
de l'application à Madagascar du système du Protectorat ; je dirai
même qu'il est calqué, copié trait pour trait sur le modèle que nous
offre la Tunisie.

La première condition que doit remplir tout pays où l'on veut
établir un protectorat réel et efficace est de posséder un pouvoir
fort et universellement respecté, qui se plie au nouveau régime
avec une docilité suffisante. Cette condition fait aujourd'hui com-
plètement défaut en Annam et au Tonkin, où le souverain national
en fuite a été remplacé par une créature de la France, qui ne jouit
parmi ses sujets d'aucune autorité ni d'aucun prestige ; aussi l'action du Protectorat est-elle singulièrement paralysée dans notre
nouvelle conquête de l'Extrême-Orient. A Madagascar, nous nous
trouvons, au contraire, en face d'un gouvernement dont l'autorité
va jusqu'au despotisme, et, circonstance plus heureuse si nous
savons en tirer parti, d'une Reine qui est l'objet de la vénération

universelle des Hovas. Un amour aussi profond de la royauté, qui est inné chez ce peuple et va jusqu'à lui faire fermer volontairement les yeux sur les fautes du pouvoir, même lorsqu'il en souffre directement, sera, entre des mains habiles, le levier le plus puissant que l'on puisse trouver pour faire triompher l'influence française et pour implanter à Madagascar des institutions civilisatrices.

Ce ne sera pas cependant sans vaincre de nombreux obstacles que les résultats que j'ai énumérés plus haut seront atteints. Pour que le régime du Protectorat dans un pays fonctionne normalement, il est de toute nécessité que le gouvernement local s'y prête avec une docilité suffisante. Or, une révolution de cette nature ne se fait pas sans troubler des habitudes prises, sans léser des intérêts privés, sans semer quelques mécontentements.

Il nous reste à examiner quelles sont, à Madagascar, les forces hostiles au Protectorat français et les moyens qu'il convient d'employer pour mettre fin à toute hostilité.

III

Depuis le commencement de nos difficultés avec les Hovas, l'opinion publique en France, par la voix presque unanime des journaux de tous les partis, a dénoncé l'action des missionnaires anglais à Madagascar comme une action politique s'exerçant dans un sens anti-français (1).

Les *méthodistes*, c'est ainsi qu'on les appelle improprement, sont devenus l'objet des anathèmes de la presse ; peu s'en est fallu qu'on ne les rendît responsables de toutes les fautes et de toutes les erreurs commises par nos agents diplomatiques, dans ces dernières années. Il convient de se rendre un compte exact du rôle qu'ils jouent à Madagascar et de la place qu'ils y occupent.

(1) L'auteur de ce travail, qui considère comme un honneur d'appartenir à ce protestantisme français si violemment attaqué naguère à l'occasion des affaires de Madagascar, a protesté contre ces attaques injustes ; il n'en est que plus libre aujourd'hui pour exposer toute sa pensée sur cette question.

Disons tout d'abord que ces missionnaires appartiennent à la *Société des Missions de Londres* (London Missionnary Society), qui est soutenue par les libéralités des membres de toutes les églises indépendantes d'Angleterre, sans relever d'aucune d'entre elles en particulier et que les membres de ces églises se recrutent en général parmi la partie la plus libérale du peuple anglais, celle qui se rattache aux partis politiques que nous appellerions en France les partis avancés. L'œuvre religieuse accomplie par cette Société à Madagascar, qui consiste dans la fondation de nombreuses communautés chrétiennes, prise en elle-même, a droit à tous les respects. Son œuvre philanthropique non moins considérable, écoles primaires créées dans la capitale et dans beaucoup de villages de l'Imérina, hôpital ouvert à Tananarive, sera certainement louée sans restrictions par tous les esprits éclairés et impartiaux. Mais son action a un troisième aspect, qui la montre en dehors des attributions proprement dites d'une Société missionnaire, c'est le côté politique.

On n'a guère essayé de nier le rôle politique de la *London Missionary Society* à Madagascar. Ses défenseurs les plus ardents ont tenté seulement de l'expliquer par les circonstances locales et de le justifier par l'intérêt qu'avait le peuple hova à recevoir les conseils d'Européens instruits. Sans vouloir rechercher la part réelle qu'elle a eue dans les événements qui se sont déroulés dans l'île depuis une vingtaine d'années, ce qui serait fort difficile en l'absence de tout document certain, il me suffira de constater que les missionnaires anglais, déjà forts des grands succès de propagande remportés parmi le peuple hova, ont acquis une influence considérable par l'adhésion publique et officielle à leur culte de la Reine et du premier Ministre, son époux. Depuis ce moment, on ne peut contester qu'ils ne soient consultés et souvent écoutés au palais dans les affaires importantes. A cet égard, les témoignages de tous les Européens qui ont habité Tananarive sont formels. Reste à savoir quel usage ils ont fait d'une situation aussi avantageuse et aussi exceptionnelle. Voici l'opinion d'un homme qui a vécu plusieurs années à Madagascar, d'un explorateur dont les travaux honorent la science.

« Au lieu de tendre à un but si philanthropique, dit M. Grandidier (1), parlant de l'abolition de la corvée, la plupart des missionnaires anglais indépendants, obéissant peut être à leurs intérêts privés, ne semblent pas faire tous leurs efforts pour arriver à une solution si désirable. Ils ont même fait récemment ajouter à la corvée de la Reine la corvée de Dieu que les Malgaches ont dénommée la corvée des Anglais (fanompoana angilivy). A l'esclavage du corps, qui atteint quelques-uns des membres de la société malgache, est venu s'ajouter l'esclavage de l'âme, l'esclavage religieux qui atteint toute la population, et c'est à des Anglais, à des membres de l'Eglise indépendante, cette Eglise libérale par dessus toutes, qu'on a à reprocher d'être plus intolérants que les plus intolérants des inquisiteurs du moyen-âge. Ces apôtres d'une religion toute d'amour et de liberté permettent qu'on pousse, la menace à la bouche, le fouet à la main, des populations entières dans les temples où on ne devrait entendre que des paroles de charité et de pardon. Aujourd'hui, en effet, depuis 1869, les officiers hovas exercent, dans toute la partie de l'ile qui est soumise à leur autorité, une persécution religieuse très-regrettable.

« Les traités conclus par la Reine de Madagascar avec les Anglais et les Français ont stipulé la liberté des cultes. Cet article est violé tous les jours. Sans remonter aux causes politiques et autres qui ont jeté le premier ministre et la reine dans le sein de l'Eglise indépendante, qu'il me suffise de dire que tous les hauts personnages Hovas appartiennent à cette secte. La corruption avait fait à la nouvelle religion de nombreux prosélytes ; le chef de l'Etat a cru devoir se jeter dans ce parti puissant pour pouvoir le diriger, et dès lors, il a songé à créer une religion d'Etat. En effet, au jour encore peu éloigné où la reine a été baptisée, il a été donné des ordres aux commandants des diverses provinces pour que, chaque dimanche, tout le peuple se réunit dans une maison d'assemblée spéciale où il prierait pour le souverain. Ce jour du dimanche personne ne devait travailler, personne ne devait ni

____

(1) Bulletin de la Société de Géographie de Paris ; année 1872, premier semestre, p. 388.

vendre, ni acheter même les objets les plus nécessaires à la vie, et les commandants ont, sinon ouvertement menacé de peines sévères ceux qui manqueraient à cette loi, du moins ils ont toujours trouvé des prétextes pour infliger des amendes et même des châtiments corporels à ceux qui s'étaient abstenus de paraître au prêche.

« Près de Tananarive, il y a eu, durant mon séjour, des *inpitory teny*, ou prédicateurs malgaches qui ont poussé le fanatisme jusqu'à fouetter publiquement ceux des catholiques qui ne venaient pas assister à leurs prédications. Dans quelques autres villages, les plus dures corvées sont réservées à ces *gueux de catholiques*. J'ai vu aussi des villages entiers qui étaient venus chercher les missionnaires français pour recevoir l'instruction et le baptême, et qui s'étaient de leur propre gré, réunis pour construire des églises, être mandés chez les grands du royaume et y être invités, sous peine de voir leurs chefs mis aux fers, à quitter l'idolâtrie catholique.

« Les luthériens norvégiens, qui ont commencé à jeter des racines dans le pays Betsiléo, éprouvent des persécutions semblables, qui les forceront sous peu à quitter le pays ; les ministres anglicans de la côte Est peuvent aussi témoigner d'actes prouvant la violation journalière des traités... Il est regrettable que de semblables rivalités se soient élevées entre les diverses missions chrétiennes établies à Madagascar, ce qui nuit beaucoup à notre œuvre de civilisation. »

J'ai tenu à citer tout au long cette page de M. Grandidier, parce qu'elle n'a pas été écrite par un polémiste habitué à juger les événements avec passion et en se plaçant à un point de vue particulier, mais bien par un savant naturaliste, obligé par la nature même de ses travaux à observer les faits avec le calme et l'impartialité que commandent les études scientifiques. A la suite de ces tristes révélations tout commentaire serait superflu.

Si la Société des Missions de Londres a fait de l'influence qu'elle avait acquise un aussi coupable usage à l'égard de ses rivales les autres sociétés missionnaires catholiques ou protestantes, on peut supposer, sans crainte de se tromper, que ses agents n'ont pas donné au gouvernement hova des conseils favorables aux intérêts français. Ils n'ont fait en cela que suivre l'exemple que leur donnent leurs compatriotes répandus sur tous les points du globe. Partout, en effet, en Asie et en Océanie aussi bien qu'en Afrique, presque tout ce qui porte un nom anglais, négociants, consuls ou missionnaires, considère comme un devoir de conscience de combattre par toutes les armes l'influence française. Le journal le *Temps* citait naguère, d'après les journaux australiens, ce mot d'un missionnaire anglais prononcé dans un meeting tenu à l'occasion des affaires des Nouvelles Hébrides : « Voilà vingt ans que je passe ma vie à combattre le catholicisme et *la France!* (1) » Pour chercher la raison de ce fâcheux antagonisme dont Français et Anglais donnent le trop fréquent spectacle, il n'est pas nécessaire de remonter au souvenir des guerres de la Révolution et du Premier Empire. Il suffira pour se l'expliquer de constater un des traits les plus communs du caractère britannique ; je veux dire cette conviction inébranlable à laquelle bien peu d'Anglais ont l'esprit assez élevé pour échapper, que l'Angleterre, première nation du monde, est tellement au-dessus de ses rivales qu'elle ne peut que les écraser toutes de son mépris.

J'ai dans ce moment entre les mains une preuve palpable de cet état d'esprit chez les agents de la Société des Missions de Londres à Madagascar. La Société de Géographie de Marseille possède un curieux petit volume. C'est un manuel de géographie, publié à Tananarive, à l'usage des écoles de la « London Society ». Il est intitulé *Geography Fohifohy* (2). On est frappé en feuilletant cet ouvrage de la part restreinte qu'y tient la France. Tandis que neuf pages sont consacrées au Royaume-Uni, à peine deux pages sont-elles réservées à notre pays, autant qu'à la Belgique et à la Suisse

(1) Il est déjà profondément regrettable que les diverses communions chrétiennes, perpétuellement en lutte en Europe, ne sachent pas faire trève quand elles se trouvent en présence de l'ennemi musulman ou païen. Mais la vue des questions de nationalité venant compliquer des dissidences religieuses ne peut qu'inspirer une amère tristesse à tous les vrais amis de la religion chrétienne. Un semblable spectacle n'est pas fait pour donner une haute opinion de beaucoup de ceux qui se disent les disciples du Dieu d'amour et de charité.

(2) Antananarivo : *Ny London Missionary Society*, 1873. Petit in-18, cartonné de 76 p.

ensemble. Il est permis, sans être taxé de chauvinisme, de penser que la France occupe dans le monde une place plus considérable que ces deux intéressants petits états. Mais ce n'est pas là la seule remarque à faire. L'énumération des colonies anglaises est au grand complet ; on n'a oublié ni Héligoland, ni Labouan, ni Gozzo. Il est singulier que la nomenclature des colonies françaises présente au contraire des lacunes. Je ne réclamerai pas pour Obock, ni même pour Saint-Pierre et Miquelon, deux îles bien françaises cependant, qui ont été oubliées. Mais je ne puis m'empêcher de trouver étrange que la Société des Missions de Londres ne connaisse pas d'autres possessions françaises en Afrique que l'Algérie et Bourbon. Les Malgaches, en effet, avaient quelque intérêt à savoir que leur plus proche voisine est la France, établie depuis un demi-siècle sans interruption à Sainte-Marie et à Nossi-bé. L'omission du Sénégal parmi les colonies françaises est plus grave encore, si on la rapproche de ce fait qu'il existe, pour l'auteur du livre que j'examine, une colonie anglaise du nom de *Sénégambie*. J'ai le profond regret de dire que ceci constitue un véritable mensonge géographique indigne du caractère d'une Société missionnaire (1).

Je crois avoir suffisamment caractérisé le rôle politique joué à Madagascar par la Société des Missions de Londres. Il est inutile d'ajouter qu'elle n'a pas vu avec plaisir le gouvernement hova signer avec la France le traité de Protectorat. Cependant aujourd'hui que toutes les nations, y compris l'Angleterre, ont accepté le fait accompli, on se demande quelle va être sa conduite.

La France, puissance protectrice, ne peut à aucun prix tolérer à ses côtés une autre autre puissance qui continuerait à être l'inspiratrice des ministres malgaches et à exercer sur eux une sorte de protectorat occulte en opposition au protectorat officiel et légal. Puisqu'elle a accepté les charges que lui impose le traité de 1885, il est de toute nécessité qu'elle ait les coudées franches pour

---

(1) La *Geography Fohifohy* éveille involontairement le souvenir d'un amusant chapitre de Jules Verne : « Un premier prix de géographie. » (*Les enfants du capitaine Grant*, t. II. p. 172). Le spirituel romancier ne croyait probablement pas être aussi près de la réalité.

remplir toutes ses obligations. Il faut donc que la Société des Missions de Londres et ses agents à Tananarive abdiquent franchement et sans arrière-pensée, et renonçant loyalement à toute action politique, se renferment désormais strictement dans leur œuvre religieuse. La France leur garantira à cette condition liberté entière et justice absolue : il n'en faut pas davantage à une Société qui a foi dans la vérité des principes qu'elle proclame, et mieux vaut renoncer pour ces deux bienfaits inappréciables à quelques priviléges dangereux. Agir différemment, disputer pied à pied une influence que les événements leur enlèvent par la force des choses, serait pour les missionnaires de la Société de Londres ouvrir une ère de conflits et de difficultés de toute nature, dont le peuple hova serait le premier à souffrir et dont nul ne saurait prévoir les conséquences. Ils s'exposeraient aussi à encourir aux yeux du monde civilisé le grave reproche d'avoir barré la route au progrès et d'avoir sacrifié à des idées étroites ou à des intérêts particuliers le bonheur matériel du peuple qu'ils évangélisent. Ayant eu le tort, il y a longtemps déjà, de mettre un doigt dans l'engrenage de la politique malgache, ils ont été entraînés à des actes ou tout au moins à des compromissions qui ne pouvaient que déconsidérer l'œuvre des missions chrétiennes. Aujourd'hui l'arrivée de la France, qui vient au nom d'un traité solennel réclamer le droit d'entreprendre l'œuvre de civilisation matérielle qu'ils n'ont pas su accomplir, leur fournit l'occasion d'une retraite honorable de la scène politique. Qu'ils concentrent leur activité sur l'évangélisation des Hovas, qui n'aurait jamais dû cesser d'être leur unique objectif, et le monde chrétien sera unanime à les applaudir.

IV

L'hostilité secrète ou avouée des missionnaires anglais n'a pas été le seul obstacle qu'ait rencontré dès la première heure l'établissement du protectorat français. Les partisans des anciens abus, certains fonctionnaires qui en vivent, le parti, en un mot, qui a toujours détenu le pouvoir depuis Radama Ier, sauf pendant le règne trop court de Radama II, ne pouvaient voir sans appréhensions un nouveau régime sortir du traité de paix signé avec la France. Aussi le Résident général, M. Lemyre de Vilers, et le personnel de la mission française ont-ils rencontré à leur arrivée à Tananarive des sentiments de méfiance qui s'adressaient plutôt aux ennemis de la veille qu'aux représentants d'une puissance amie, respectueuse de l'indépendance de Madagascar, et désireuse d'aider son gouvernement à tirer parti de toutes les richesses que recèle son sol vierge.

La mission qu'avait courageusement acceptée M. Lemyre de Vilers ne laissait pas de présenter de sérieuses difficultés. Il n'était pas dans la situation du Résident général de France à Tunis, qui a le droit de parler en maître, s'il est nécessaire, et qui aurait, au besoin, l'appui du corps d'occupation. On pourrait appeler ce qu'il s'agissait de faire accepter par les Hovas un protectorat par persuasion. Aussi a-t-il fallu commencer par dissiper les malentendus que la guerre avait accumulés. Déclarer en toute loyauté que la France ne médite pas la conquête de Madagascar et qu'elle ne poursuit pas d'autre but que l'exécution du traité de 1885, a été le début de la campagne diplomatique qui s'est engagée en 1886 à Tananarive. Expliquer dans quel esprit ce traité a été conçu et comment à Paris on en comprend l'exécution, démontrer ensuite au gouvernement malgache que son intérêt bien entendu est de favoriser l'établissement du protectorat, était une tâche délicate, mais non impossible à remplir.

M. Lemyre de Vilers, grâce à une fermeté et une persévérance que rien n'a pu entamer, a réussi en grande partie dans cette entreprise difficile. La froideur du premier accueil a fait place à des rapports de plus en plus cordiaux et aujourd'hui le Premier Ministre semble avoir pleine confiance dans notre habile Résident. La première question à vider à la reprise des relations diplomatiques était relative au payement de l'indemnité destinée à être répartie entre les Européens victimes de la guerre. On sait que la solution a été une première victoire pour la France. L'avance faite au gouvernement malgache par le Comptoir d'Escompte de Paris a entraîné la réorganisation du service des douanes, données en garantie de la dette contractée. On ne s'est pas assez rendu compte de l'importance considérable de ce fait. Les douanes, contrôlées désormais par des fonctionnaires européens honnêtes, donneront certainement des revenus plus considérables que par le passé et la cour d'Imérina ne manquera pas d'être sensible à un avantage aussi palpable. C'est le premier coup de hache porté au vieil édifice de l'administration hova. Cette réforme une fois reconnue utile et profitable, d'autres suivront sans aucun doute et le Protectorat s'établira progressivement et sans bruit. Une seconde victoire a été la délimitation du territoire de Diégo-Suarez cédé à la France par le traité; en y participant par ses mandataires, la Reine a reconnu formellement notre prise de possession de cette baie splendide qui pourra devenir un établissement maritime de premier ordre. Le nord de Madagascar est maintenant inscrit dans un triangle dont chacun des sommets est un établissement français : Nossi-Bé, Diégo et Sainte-Marie.

On peut donc dire qu'actuellement le Protectorat de la France à Madagascar, dûment notifié aux puissances, ce qui en écarte tous les rivaux que nous pouvions y rencontrer, est accepté en principe par le gouvernement hova; il ne reste plus qu'à persévérer dans la voie ouverte par M. Lemyre de Vilers pour l'organiser et lui faire porter tous ses fruits.

VI

Cette étude de la question de Madagascar serait incomplète si j'hésitais à en aborder l'un de ses côtés les plus délicats, la conduite à tenir par le Protectorat à l'égard des missions catholiques. Il règne sur ce sujet en France une singulière confusion d'idées. Les anti-cléricaux les plus ardents sont souvent les premiers à porter aux nues les Jésuites de Madagascar et à demander qu'on leur accorde là-bas toutes les faveurs et tous les priviléges, sans se douter qu'ils se mettent en contradiction avec les principes qu'ils affichent. On raconte à ce propos que Gambetta disait un jour dans un entretien privé : « Nos meilleurs amis à Madagascar ce sont les Jésuites. » Le grand homme d'Etat, prématurément enlevé à sa patrie, voulait sans aucun doute rendre hommage aux efforts faits par les missionnaires catholiques pour répandre la langue française et reconnaître qu'ils ont en général secondé l'action de nos consuls jusqu'au moment où la guerre a éclaté. Mais sa pensée n'allait certainement pas plus loin. Si après avoir prononcé le mot célèbre : « Le cléricalisme voilà l'ennemi ! » il l'a corrigé en quelque sorte en ajoutant que « l'anti-cléricalisme n'est pas un article d'exportation », ce serait méconnaître l'élévation de son génie que de lui attribuer la pensée de peser sur les Malgaches d'une façon quelconque dans le but d'importer chez eux le catholicisme.

Pour traiter à fond la question que je viens de soulever, il est nécessaire de l'élargir en quelque sorte en ne se plaçant pas au point de vue spécial de Madagascar La grande île qui nous occupe n'est pas d'ailleurs le seul point du globe où la diplomatie française se trouve en présence des missions catholiques, et les données générales du problème sont à peu près partout les mêmes. Ce problème n'est autre que celui qu'on a appelé le *protectorat catholique en Orient*. Il se pose en ces termes : dans quelles limites convient-il à la France de couvrir de sa puissante protection les diverses œuvres de propagande catholique dans les pays musulmans ou païens? Les discussions de la presse périodique et quotidienne l'ont agité à plusieurs reprises et résolu dans les deux sens les plus opposés. Pour les uns, la République Française est tenue par des traditions nationales plusieurs fois séculaires, de protéger tout ce qui à l'étranger représente le catholicisme en tant que religion ; pour les autres, au contraire, elle devrait, pour être fidèle à ses origines et à sa politique intérieure, abandonner à eux-mêmes tous les intérêts religieux dans les contrées lointaines et reporter l'activité de sa diplomatie sur les seuls intérêts commerciaux de notre pays.

Guizot a donné la formule de la première de ces deux politiques dans ce mot souvent répété : « Le catholicisme au dehors c'est la France. » Cet esprit absolu et imbu de beaucoup d'idées de l'ancien régime ne se rendait pas compte qu'une parole semblable dans la bouche, d'un ministre français du XIX⁰ siècle constituait un pur anachronisme. En effet, sous la vieille monarchie légitime qui avait pour devise « une foi, une loi, un roi » et qui ne connut jamais pour les cultes non catholiques de régime plus libéral que la tolérance, à l'époque où la France était la Fille aînée de l'Église, il était parfaitement logique qu'elle prît partout en mains la cause du catholicisme et qu'elle se constituât en quelque sorte sa gardienne vigilante. Depuis lors la Révolution a passé ; elle a proclamé la liberté de conscience, et de ce grand principe désormais inattaquable est sortie la neutralité absolue de l'Etat en matière religieuse. L'Etat moderne, que l'on a appelé laïque faute d'un mot plus exact, émanation d'une société dans laquelle s'entremêlent les conceptions religieuses et philosophiques les plus diverses, ne peut plus, sans se rendre coupable d'une véritable trahison, se faire le champion d'une religion ou d'une philosophie, pas plus à l'étranger qu'en France. Faut-il conclure de là, comme on l'a fait parfois, qu'il doit retirer tout appui aux missions catholiques, malgré la grande et légitime influence qui en découle pour notre Patrie dans tout l'Orient ? Non, certes ; mais le protectorat catholique doit s'inspirer d'idées plus modernes et se pratiquer d'une façon plus large et surtout moins exclusive.

Toute œuvre missionnaire, en effet, n'est pas seulement une œuvre de propagande religieuse ; elle entraîne forcément avec elle une œuvre philanthropique et civilisatrice. Il n'est pas possible de prêcher le christianisme à un peuple sauvage sans chercher à améliorer sa situation matérielle et sans l'initier à quelques uns des progrès que l'Europe a réalisés depuis qu'elle est sortie de la barbarie. Presque tous les missionnaires enseignent à lire à leurs convertis. Voilà qui est suffisant pour justifier la protection dont les couvre à juste titre le gouvernement de la République. Mais, ce n'est plus, comme jadis, à cause de la religion qu'ils enseignent, c'est en qualité de prédicateurs du progrès et d'initiateurs de la civilisation qu'ils ont droit à la protection de l'Etat. On sent quelle est l'importance capitale de cette distinction. Pour ne pas l'avoir faite et pour avoir suivi les principes de Guizot, nos agents consulaires et diplomatiques sont quelquefois tombés dans de lourdes fautes qui ont entraîné pour notre pays de fâcheuses conséquences. On cite des consuls qui, persuadés qu'ils ne devaient aide et protection qu'aux écoles catholiques, ont refusé tout appui à des écoles laïques françaises qui y avaient certes autant de droits. En Tunisie jusqu'au moment de l'occupation, et encore aujourd'hui en Tripolitaine, notre diplomatie, se réservant pour la clientèle catholique, a dédaigné et dédaigne la clientèle israélite, beaucoup plus nombreuse et plus influente, qui s'est jetée alors dans les bras de l'Italie (1). N'eût-il pas été plus conforme à la fois aux vrais principes du monde moderne et à l'intérêt bien entendu de la France de couvrir d'une égale protection catholiques et israélites, les uns comme représentants de la civilisation, les autres en leur qualité d'opprimés et de persécutés ?

Si nous appliquons maintenant à Madagascar les principes que je viens de poser, il est facile d'en déduire la ligne de conduite que doivent suivre à l'égard des missionnaires jésuites les représentants de la France. La partie philanthropique de leur œuvre, écoles publiques et hôpital pour les lépreux, mérite sans conteste tous les encouragements. Ceux d'entre eux qui sont citoyens français ont droit en outre à la protection personnelle que notre pays accorde à tous ses nationaux à l'étranger. Cela paraît insuffisant à quelques personnes qui ambitionnent pour les missionnaires catholiques le rôle de conseillers intimes du Protectorat. Elles n'aperçoivent pas les sérieux dangers qu'entraînerait l'intrusion des Pères jésuites dans la politique française.

En premier lieu, si l'on accordait une prépondérance quelconque ou des priviléges particuliers à la mission catholique, ce serait le meilleur moyen de donner crédit à la fable que nos adversaires n'ont sans doute pas manqué de répandre et qui consiste à prétendre que les Français voulaient conquérir Madagascar pour imposer le catholicisme aux Hovas. Que l'on ne perde pas de vue

(1) Il est tellement vrai que c'est le souci de la clientèle catholique qui a fait négliger dans les deux Régences la clientèle israélite, au grand détriment des intérêts français, qu'au Maroc, où il n'y a point de catholiques à protéger, nos consuls ont pris en mains la cause des Israélites persécutés et fait bénir le nom de la France.

que nous avons à exercer notre action chez un peuple où l'immense majorité se rattache au moins de nom au protestantisme. Que chacun apprécie ce fait à sa guise, qu'on le déplore ou qu'on s'en réjouisse, suivant ses préférences personnelles, il n'est pas moins nécessaire d'en tenir grand compte. Paraître favoriser le catholicisme, en raison des services que ses missionnaires ont pu rendre jadis à la cause française, serait donc souverainement impolitique. Lui non plus n'a pas autre chose à réclamer du gouvernement du Protectorat que la liberté et la justice.

Une dernière considération montrera combien il serait dangereux pour la France d'aller chercher des conseils auprès des missionnaires catholiques et de subir leur influence politique. Depuis le jour où ils ont pris pied à Madagascar et où ils sont entrés en lutte avec les missionnaires de la Société de Londres, les Jésuites ont eu, eux aussi, leur politique. Moins heureux que leurs adversaires, ils n'ont pas remporté les mêmes succès. Mais que l'on ne s'y trompe pas, s'ils n'ont pas baptisé la Reine et le Premier Ministre, c'est uniquement parce qu'ils n'ont pas été assez habiles pour le faire. Depuis lors le Premier Ministre détenteur du pouvoir, est devenu leur grand ennemi, et leur désir secret a toujours été de prendre leur revanche par les moyens qui avaient amené le triomphe de leurs adversaires. Une nouvelle révolution, imitée de celle qui a détrôné Radama II, et qui donnerait le pouvoir à l'une de leurs créatures, est devenue leur rêve. Pareil plan a pu être goûté jadis par certains consuls français, alors que notre politique, flottante et indécise, suivait le gré des événements. Mais le traité de 1885 a changé la situation du tout au tout, et sa réalisation serait actuellement ce qui pourrait arriver de plus funeste et risquerait de compromettre irrémédiablement l'établissement du Protectorat. Il ne faut pas oublier que le traité de Radama II a disparu avec lui.

Saper le pouvoir du gouvernement avec lequel nous venons de traiter serait donc aussi malhonnête que peu habile. Mieux vaut obtenir de lui, à force de persévérance, tout ce qu'il pourra nous donner, et s'il devient vacant par la mort, veiller à ce qu'il tombe dans les mains les plus libérales et les plus disposées à exécuter dans toute son étendue le traité de 1885.

En assumant la charge du Protectorat de Madagascar, la France a fait entrer l'histoire de ce pays dans une phase entièrement nouvelle. Depuis bien des années l'opinion publique en Europe n'y voyait pas autre chose qu'une querelle de missionnaires se disputant des sauvages à convertir: désormais la situation a changé de face. Une des grandes puissances européennes a pris pied à Tananarive pour devenir l'éducatrice des Hovas et pour ouvrir l'île au commerce et à l'agriculture. Elle aura la tâche délicate de tenir la balance égale entre les missionnaires rivaux en leur laissant toute liberté de propagande dans la limite des lois. Mais on peut en être convaincu, la question de Madagascar a cessé d'être une question religieuse, elle n'est plus qu'un problème économique que la France a entrepris de résoudre.

Notre pays doit désormais en poursuivre la solution avec énergie et confiance. J'ai développé toutes les raisons qui me portent à penser qu'il a trouvé dans le Protectorat la bonne méthode. Reste à l'appliquer avec persévérance sans se laisser détourner par les réclamations des impatients ni par les fluctuations de notre politique intérieure. L'œuvre est difficile, mais elle est glorieuse, et notre honneur national est attaché maintenant à sa réalisation. Ainsi que le disait l'illustre Gambetta de la Tunisie : « C'est la nation française qui a mis sa signature au « bas du traité de 1885 ; coûte que coûte il doit être exécuté « dans son intégralité. »

P. S. — Au moment même où ce travail était écrit, les événements eux-mêmes en confirmaient les conclusions.

Les nouvelles arrivées de Madagascar nous ont appris que l'*exéquatur* demandé par les consuls d'Angleterre et d'Amérique avait été à la veille de provoquer une rupture entre la France et le gouvernement hova. Grâce à l'énergie avec laquelle M. Lemyre de Vilers a réclamé l'entière exécution du traité un nouveau succès diplomatique, d'une importance considérable, a été obtenu. Désormais les relations extérieures de Madagascar sont placées entre les mains du Résident français. Ce point capital une fois acquis, le fonctionnement normal du Protectorat ne peut manquer de s'établir progressivement, si l'on apporte dans son organisation une persévérance suffisante.

Marseille, 29 Septembre 1887.

www.ingramcontent.com/pod-product-compliance
Lightning Source LLC
Chambersburg PA
CBHW051407050726
47595CB00006B/2751